Ernst Probst

AF151005

Die Saalemündungs-Gruppe

Eine Kultur der Bronzezeit von etwa 1300/1200 bis 800 v. Chr.

Ernst Probst

Die Saalemündungs-Gruppe

Eine Kultur der Bronzezeit von etwa 1300/1200 bis 800 v. Chr.

GRIN Verlag

Die Deutsche Bibliothek verzeichnet diese Publikation in der Deutschen Nationalbibliografie; detaillierte bibliografische Daten sind im Internet über http://dnb.d-nb.de/ abrufbar.

1. Auflage 2011
Copyright © 2011 GRIN Verlag GmbH
http://www.grin.com
Druck und Bindung: Books on Demand GmbH, Norderstedt Germany
ISBN 978-3-656-07117-4

Metallhandwerker aus der Bronzezeit
beim Schleifen eines Schwertes.
Ausschnitt aus einer Zeichnung
von Friederike Hilscher-Ehlert, Königswinter,
für das Buch »Deutschland in der Bronzezeit« (1996)
von Ernst Probst

Ernst Probst

Die Saalemündungs-Gruppe

Eine Kultur der Bronzezeit
von etwa 1300/1200 bis 800 v. Chr.

Widmung

Dr. Rolf Breddin, Potsdam
Professor Dr. Claus Dobiat, Marburg
Professor Dr. Markus Egg, Mainz
Professor Dr. Hans-Eckart Joachim, Bonn
Professor Dr. Albrecht Jockenhövel, Münster
Professor Dr. Horst Keiling, Schwerin
Professor Dr. Rüdiger Krause, Frankfurt/Main
Dr. Friedrich Laux, Hamburg
Professor Dr. Berthold Schmidt, Halle/Saale
Dr. Peter Schröter, München
Dr. Klaus Simon, Dresden
Dr. Otto Mathias Wilbertz, Hannover
gewidmet, die mich bei meinem Buch
»Deutschland in der Bronzezeit« (1996)
mit Rat und Tat unterstützt haben,
sowie der wissenschaftlichen Graphikerin
Friederike Hilscher-Ehlert

*So genannte »reiche Frau« der Urnenfelder-Kultur
auf einer von dem Münchener Historienmaler
und Altertumsforscher Julius Naue (1832–1907)
geschaffenen historischen Trachtenrekonstruktion*

Inhalt

7

Der dänische Archäologe
Christian Jürgensen Thomsen (1788–1865)
hat 1836 die Urgeschichte
nach dem jeweils am meisten verwendetem Rohstoff
in drei Perioden eingeteilt:
Steinzeit, Bronzezeit und Eisenzeit.

Vorwort

Eine Kulturstufe, die in der Bronzezeit von etwa 1300/1200 bis 800 v. Chr. zu beiden Seiten der unteren Saale in Sachsen-Anhalt existierte und sich vor allem im Köthen/Bernburger Land konzentrierte, steht im Mittelpunkt des Taschenbuches »Die Saalemündungs-Gruppe«. Geschildert werden die Siedlungen, Kleidung, der Schmuck, die Keramik, Werkzeuge, Haustiere, der Handel und die Religion der damaligen Ackerbauern, Viehzüchter und Bronzegießer.

Verfasser dieses Taschenbuches ist der Wiesbadener Wissenschaftsautor Ernst Probst. Er hat sich vor allem durch seine Werke »Deutschland in der Urzeit« (1986), »Deutschland in der Steinzeit« (1991) und »Deutschland in der Bronzezeit« (1996) einen Namen gemacht.

Das Taschenbuch »Die Saalemündungs-Gruppe« ist Dr. Rolf Breddin, Professor Dr. Claus Dobiat, Professor Dr. Markus Egg, Professor Dr. Hans-Eckart Joachim, Professor Dr. Albrecht Jockenhövel, Professor Dr. Horst Keiling, Professor Dr. Rüdiger Krause, Dr. Friedrich Laux, Professor Dr. Berthold Schmidt, Dr. Klaus Simon und Dr. Otto Mathias Wilbertz gewidmet, die den Autor mit Rat und Tat bei den Recherchen über Kulturen der Spätbronzezeit für sein Buch »Deutschland in der Bronzezeit« unterstützt haben. Es enthält Lebensbilder der wissenschaftlichen Graphikerin Friederike Hilscher-Ehlert aus Königswinter.

PAUL REINECKE,
geboren am 25. September 1872
in Berlin-Charlottenburg,
gestorben am 12. Mai 1958 in Herrsching.
Er wirkte 1897 bis 1908
am Römisch-Germanischen Zentralmuseum
in Mainz. 1908 bis 1937
war er Hauptkonservator
am Bayerischen Landesamt
für Denkmalpflege in München.
1917 wurde er kgl. Professor.
Reinecke teilte 1902 die Bronzezeit
in die Stufen A bis D ein.
1902 sprach er von der Straubinger Kultur
sowie von der Grabhügelbronzezeit
und später von der Hügelgräber-Bronzezeit.

Die Spätbronzezeit in Deutschland

Abfolge und Verbreitung der Kulturen und Gruppen

Heute ordnet man der Spätbronzezeit außer den Stufen Hallstatt A und B (etwa 1200 bis 800 v. Chr.) auch die Bronzezeit D (etwa von 1300 bis 1200 v. Chr.) zu, die vorher als letzte Stufe der Mittelbronzezeit galt. Die Stufenbezeichnung und Inhalte der Bronzezeit D, Hallstatt A und B entsprechen weitgehend der 1902 vorgenommenen Gliederung des damals in Mainz arbeitenden Prähistorikers Paul Reinecke (1872–1958).
Als die wichtigsten damaligen Kulturen in Deutschland gelten die Urnenfelder-Kultur, die Lausitzer Kultur und die nordische Bronzezeit, die sämtlich besonders große Gebiete einnahmen. Daneben gab es etliche kleinere Kulturen und Gruppen.
Baden-Württemberg, Bayern, das Saarland, Rheinland-Pfalz, Hessen, Teile Nordrhein-Westfalens (Niederrheinische Bucht) und Südthüringens gehörten von etwa 1300/1200 bis 800 v. Chr. zum Bereich der Urnenfelder-Kultur.[1] Diese war im Raum nördlich der Alpen verbreitet.
Im Niederrheinischen Tiefland Nordrhein-Westfalens existierte von etwa 1200 bis 750 v. Chr. die Niederrheinische Grabhügel-Kultur, eine Untergruppe der Urnenfelder-Kultur.

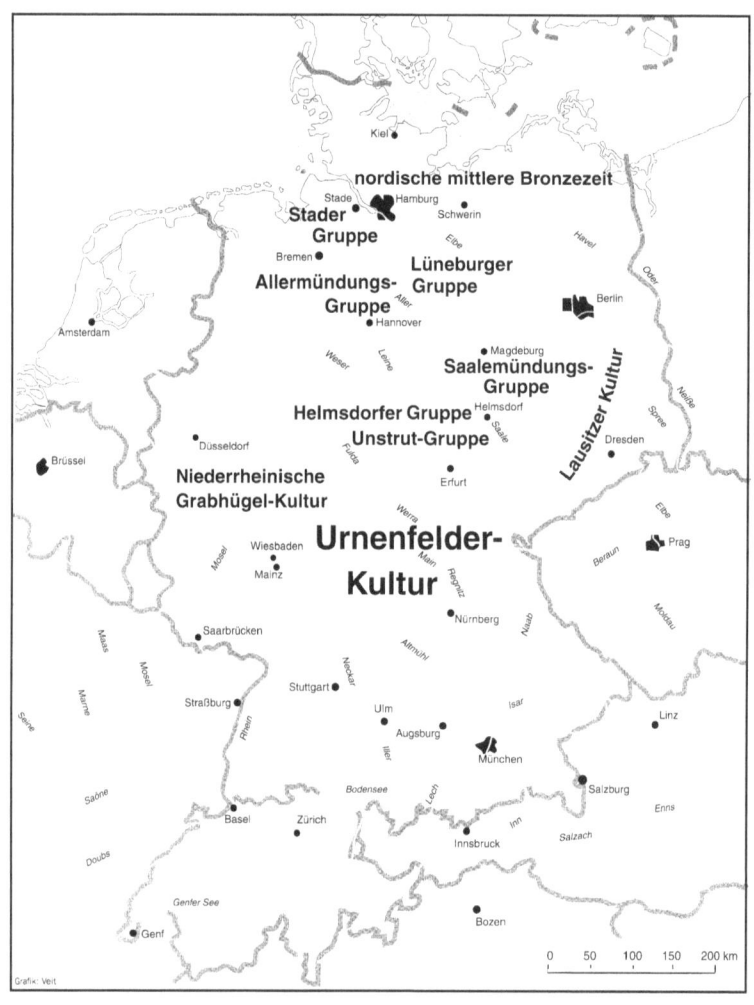

Verbreitung der Kulturen und Gruppen während der Spätbronzezeit (etwa 1300/1200 bis 800 v. Chr.) in Süddeutschland und der mittleren Bronzezeit in Norddeutschland

14

Zauberer der jüngeren nordischen Bronzezeit
(etwa 1100 bis 800 v. Chr.) in Norddeutschland.
Zeichnung von Friederike Hilscher-Ehlert für das Buch
»Deutschland in der Bronzezeit« (1996) von Ernst Probst

Für Norddeutschland gilt die bronzezeitliche Chronologie des schwedischen Prähistorikers Oscar Montelius (1843–1921). Ihr zufolge wird in Niedersachsen, Schleswig-Holstein, Mecklenburg-Vorpommern und im nördlichen Brandenburg die Zeit von etwa 1200 bis 1100 v. Chr. als mittlere Bronzezeit (Periode III) und die Zeit von etwa 1100 bis 800 v. Chr. als jüngere Bronzezeit (Perioden IV und V) bezeichnet. Die durch das Kulturgefälle in der Frühbronzezeit zwischen dem Süden und dem Norden bewirkte Phasenverschiebung von Bronzezeitstufen setzt sich also terminologisch fort.

In die mittlere Bronzezeit fallen in Niedersachsen die Lüneburger Gruppe, die Allermündungs-Gruppe und die Stader Gruppe, letztere aber nur noch mit wenigen sicher datierbaren archäologischen Funden.

In der jüngeren Bronzezeit gab es in Niedersachsen ebenfalls eine Anzahl von Regionalgruppen, so die Lüneburger Gruppe, die Stader Gruppe und die Ems-Hunte-Gruppe. In anderen Landstrichen Niedersachsens spricht man nur allgemein von der jüngeren Bronzezeit, obschon auch hier Ansätze für eine regionale Gliederung erkennbar sind.

In Schleswig-Holstein, Mecklenburg-Vorpommern, im Stader Bereich (Niedersachsen) und im nördlichen Brandenburg behauptete sich von etwa 1200 bis 1100 v. Chr. die nordische mittlere Bronzezeit und von etwa 1100 bis 800 v. Chr. die nordische jüngere Bronzezeit. Das Zentrum der nordischen Bronzezeit lag in Skandinavien.

Im Thüringer Becken existierte von etwa 1300/1200 bis 800 v. Chr. die Unstrut-Gruppe. Etwa zur gleichen

Zeit gab es in Sachsen-Anhalt die Helmsdorfer Gruppe und die Saalemündungs-Gruppe (s. S. 19).

Sachsen und das südliche Brandenburg zählten von etwa 1300/1200 bis 500 v. Chr. zur Lausitzer Kultur und zum Kreis ihrer Nachfolgekulturen, zum Beispiel Billendorfer Kultur und Hausurnen-Kultur. Die Lausitzer Kultur war damals in Osteuropa heimisch.

HELLMUT AGDE,
geboren am 2. September 1909 in Halle/Saale,
gefallen am 12. Mai 1940 bei Saint-Nicolas.
Er bestand 1932 seine Doktorprüfung
und wirkte zunächst in Halle/Saale,
dann in Schwerin, Leipzig,
Königsberg und Freiburg/Breisgau,
bis er 1937 Dozent
an der Hochschule für Lehrerbildung
in Lauenburg (Pommern) wurde.
1939 habilitierte er sich
in Freiburg/Breisgau.
Während seiner Zeit in Halle/Saale
prägte Hellmut Agde 1935
den Begriff Saalemündungs-Gruppe.

Die bemalten Steinkisten

Die Saalemündungs-Gruppe

Zu beiden Seiten der unteren Saale in Sachsen-Anhalt breitete sich in der späten Bronzezeit von etwa 1300/1200 bis 800 v. Chr. der Lebensraum der Saalemündungs-Gruppe aus. Diese Kulturstufe war vor allem im Köthen/Bernburger Land konzentriert. Jene Gemeinschaft konnte jenseits der Elbe nur geringfügig Fuß fassen. Die Bezeichnung Saalemündungs-Gruppe wurde 1935 von dem damals am Landesmuseum Halle/Saale arbeitenden Prähistoriker Hellmut Agde (1909–1940) vorgeschlagen.

Nachbarn der Saalemündungs-Gruppe waren im Süden die Helmsdorfer Gruppe, im Westen die Lüneburger Gruppe, im Norden die Elb-Havel-Gruppe der nordischen jüngeren Bronzezeit und im Osten die Spindlersfelder Gruppe der Lausitzer Kultur. Mit Angehörigen dieser, aber auch anderer Gemeinschaften hatten die Menschen der Saalemündungs-Gruppe Kontakt und betrieben sie Tauschgeschäfte.

Bei Untersuchungen der menschlichen Leichenbrände aus Steinkistengräbern der Saalemündungs-Gruppe haben Anthropologen eine auffällig hohe Sterblichkeit von Kindern und Jugendlichen festgestellt. Mitunter kamen auf zehn nichterwachsene nur drei erwachsene Tote.

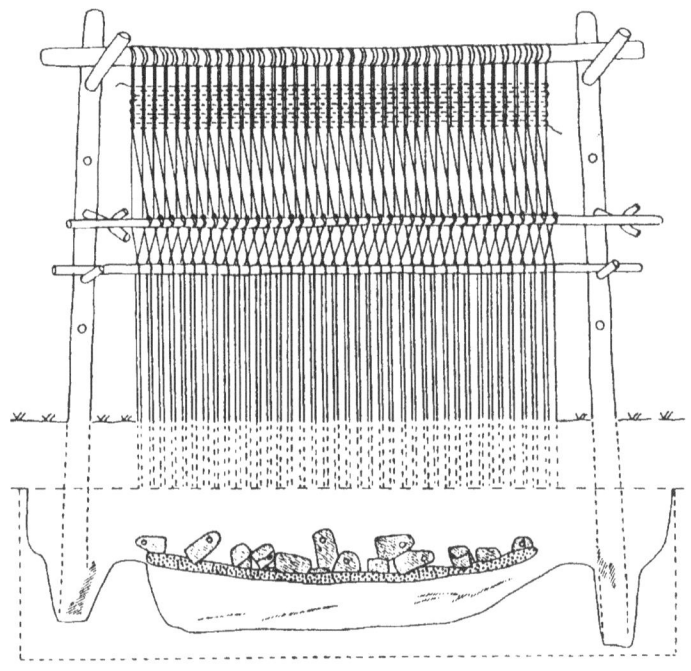

Rekonstruktion eines etwa drei Meter breiten Webstuhls
von unbekannter Höhe aus Wallwitz
(Kreis Jerichower Land) unweit von Magdeburg
in Sachsen-Anhalt.
Damit konnten Stoffbahnen von etwa zwei Meter Breite
angefertigt werden.

Der Stoff für die Kleidung aus Leinen oder Schafwolle wurde auf Webstühlen angefertigt. Reste eines etwa drei Meter breiten Webstuhles von unbekannter Höhe kamen in der Siedlung von Wallwitz[1] (Kreis Jerichower Land) unweit von Magdeburg zum Vorschein. Dabei handelte es sich um Pfostenlöcher der Holzkonstruktion des Webstuhles und um tönerne Webgewichte in einer Siedlungsgrube.

Mit dem Wallwitzer Webstuhl ließen sich – wie die Aufreihung der Webgewichte ergab – Stoffbahnen von etwa zwei Meter Breite herstellen. Dieses Gerät wurde durch einem Brand zerstört. Beim Verbrennen der Kettfäden fielen die tönernen Webgewichte lotgerecht auf einer Länge von 2,45 Metern in die Grube. Die pyramidenförmigen Webgewichte aus Wallwitz sind etwa 16 bis 18 Zentimeter lang und im oberen Drittel durchbohrt, damit die Kettfäden befestigt werden konnten. Die an mehreren Löchern durch Kettfäden entstandenen Scheuer- und Schleifspuren belegen einen längeren Gebrauch der Webgewichte.

Häufig wurden die Siedlungen neben einem Bach oder Fluss angelegt. Meistens blieben davon nur noch runde Vorratsgruben erhalten. Es gab unbefestigte sowie mit Graben und Wall gesicherte Siedlungen.

Die unbefestigte Siedlung von Wallwitz umfasste 16 Häuser. Ein Bronzedepot in einem dieser Gebäude wird von dem Ausgräber Heribert Stahlhofen aus Halle/Saale als Opfer- oder Weihegabe gedeutet. Dabei könnte es sich nach seiner – nicht unumstrittenen – Ansicht um ein Bauopfer handeln, das man vollbrachte, um für die Bewohner des Hauses Glück und Segen zu erbitten.

Die Kombination des Bronzedepots mit Schmuck (Armring, Spiralplattenfibel), Waffe (Lanzenspitze) und Arbeitsgerät (Sichelfragment), die sich sowohl aus weiblichen als auch aus männlichen Besitzanteilen zusammensetzt, könnte ein Hinweis für eine gemeinsame Opfergabe der Hausbewohner sein. Aber auch ein Handwerkerdepot ist nicht ganz auszuschließen, weil von der Sichel ein Stück abgetrennt und anderweitig verwendet wurde. Ungefähr 200 Meter vom Fundort dieses Depots entfernt hatte man einige Jahrzehnte zuvor ein weiteres Depot entdeckt, das zwei bronzene Armbergen (Armspiralen) oder Beinringe enthielt.

Wie groß die Häuser jener Zeit waren, belegt ein Fund aus Wulfen[2] im Kreis Köthen. Der dort freigelegte Grundriss eines Pfostenhauses ist etwa 14 Meter lang und fünf Meter breit.

Anhand eines Tierknochens aus einem der Steinkistengräber von Altenburg (Kreis Bernburg) konnte die Haltung von Schafen nachgewiesen werden. Dass man auch Pferde als Haustiere besaß, beweisen Funde aus Halle/Saale-Kanena und Wallwitz (Kreis Jerichower Land). Der vom Rumpf getrennte Pferdekopf aus Halle-Kanena wurde von dem Prähistoriker Walther Schultz (1887–1982) aus Halle/Saale als Opfergabe gedeutet.

Die Tongefäße der Saalemündungs-Gruppe sind häufig geglättet und poliert. Anders als die hellen, lederbraunen Tongefäße der Lausitzer Kultur haben diejenigen der Saalemündungs-Gruppe meistens eine dunkelgraubraune oder dunkelgraue bis schwärzliche Farbe. Zur

Keramik gehörten Zylinderhalsterrinen, Trichterschalen, Doppelkoni, zweihenkelige Amphoren, Tassen, Kannen, Vorratsgefäße, Tonteller, Schalen mit Radkreuzmuster innen und außen sowie Sauggefäße.

Die Sauggefäße zum Füttern von Kleinkindern waren teilweise in Gestalt eines Stieres modelliert worden. Derartige Objekte wurden in Gräbern von Aschersleben und Staßfurt-Leopoldshall (beide Salzlandkreis) geborgen. Sie haben jeweils einen schlanken, zitronenförmigen Körper. Das Sauggefäß von Aschersleben ist mit einem Standboden, das von Staßfurt-Leopoldshall dagegen mit vier Füßen versehen.

Von den Saalemündungs-Leuten wurden auch Tongefäße anderer Kulturen importiert. So stammen eine Schale mit vor dem Brand eingesetzten Bronzenieten aus Dessau-Großkühnau[3] von der süddeutschen Urnenfelder-Kultur, ein Doppelgefäß aus Wulfen (Kreis Köthen) von der böhmischen Knovízer Kultur und ein Pokal aus Osternienburg (Kreis Köthen) von der Lausitzer Kultur.

Fraglich ist der Verwendungszweck eines 15,6 Zentimeter langen Tonhorns aus Calbe/Saale[4] (Salzlandkreis), das einem Pferdekopf ähnelt. Weil an der kleinen Öffnung dieses Objekts Grünspanreste mit Kupfer haften und es großer Hitze ausgesetzt war, wird es als Blasebalgdüse gedeutet, deren kleinere Öffnung ins Innere des Schmelzofens reichte. Ein ähnliches Exemplar aus Hrádek bei Kramolín in Mähren enthält ein Stück Kupfer an der Innenwandung.

Zu den bronzenen Werkzeugen gehörten Knopfsicheln, Absatz- und Lappenbeile sowie bronzene Sägen. Neben

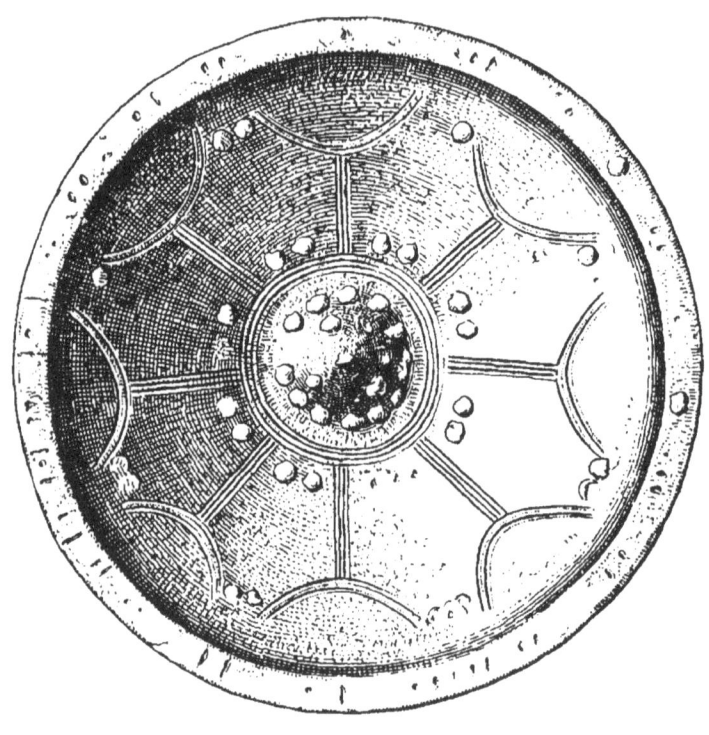

Tönerne Schale mit Bronzenieten
aus Dessau-Großkühnau in Sachsen-Anhalt.
Der Fund gilt als Import
aus dem Gebiet der süddeutschen Urnenfelder-Kultur.
Randdurchmesser 19 Zentimeter.
Die Schale ging im Zweiten Weltkrieg verloren.

Der Pokal der Lausitzer Kultur
aus Osternienburg (Kreis Köthen) in Sachsen-Anhalt belegt,
dass die Leute der Saalemündungs-Gruppe
Tongefäße anderer Kulturen importierten.
Höhe 11,9 Zentimeter, oberer Durchmesser 15,3 Zentimeter.
Original im Historischen Museum, Köthen

Foto auf Seite 27:

Einem Pferdekopf ähnelndes Tonhorn aus Calbe/Saale
(Salzlandkreis) in Sachsen-Anhalt.
Der Fund wird als Düse eines Blasebalgs gedeutet.
Maximale Länge 15,6 Zentimeter.
Original im Kulturhistorischen Museum, Magdeburg

Bronzetasse mit Henkel
aus Osternienburg (Kreis Köthen) in Sachsen-Anhalt.
Der Boden des Gefäßes
ist mit einem sechszackigen Sternmuster verziert.
Durchmesser 15,7 Zentimeter.
Original im Historischen Museum, Köthen.

bronzenen Werkzeugen gab es zudem solche aus
Gestein. In einem Steinkistengrab von Großwirschleben
(Kreis Bernburg) lag die fragmentarisch erhaltene Klinge
eines Beiles aus Felsgestein.

Aus Schadeleben[5] (Salzlandkreis) liegt ein bronzenes
Hängebecken vor. Es ist neun Zentimeter hoch, hat
einen Durchmesser von 21,2 Zentimetern und wurde
zusammen mit einer Plattenfibel gefunden. Früher hat
man solche Metallobjekte als Gürtelschmuck inter-
pretiert, heute ist ihr Verwendungszweck umstritten.

Auch die Angehörigen der Saalemündungs-Gruppe
haben manchmal metallene Gefäße eingetauscht. Als
derartige Importware gilt die Bronzetasse von Osternienburg[6] (Kreis Köthen). Sie ist auf dem Boden mit
einem sechszackigen Sternmuster verziert.

Als seltener Fund gilt das stark beschädigte Goldgefäß
aus Krottorf[7] (Kreis Börde). Es ist sechs Zentimeter
hoch, hat einen Durchmesser von 13 Zentimetern und
wiegt 68,7 Gramm.

Im Umkreis von Halle/Saale wurden viele tönerne
Geräte geborgen, die zur Salzherstellung dienten.
Dabei handelt es sich um Stützen, die über den Feu-
erstellen mit Salz gefüllte Tonwannen trugen. In den
Wannen hat man das für Tauschgeschäfte bestimmte
Salz getrocknet, geformt und gehärtet. Eine Salz-
siedersiedlung lag auch am ehemaligen Salzigen See bei
Erdeborn[8] (Kreis Mansfeld-Südharz).

Pferde dienten als Reit-, Zug- und Opfertiere. Zwei
Stücke einer bronzenen Pferdetrense wurden in Calbe/
Saale (Salzlandkreis) gefunden. Eines davon ist 15,5
Zentimeter lang und wiegt 150 Gramm, das andere ist

16 Zentimeter lang und 127 Gramm schwer. Beide Teile sind mit Ösen versehen.

Ein Fund aus Altenburg (Kreis Bernburg) veranschaulicht, dass auch manche Kinder Schmuck trugen. Die Urne mit dem Leichenbrand eines Kindes enthielt drei kleine Ringe aus Bronzedraht. Sogar Goldschmuck konnte man sich im Gebiet der Saalemündungs-Gruppe leisten. Aus Neuendorf am Damm/Karritz (Altmarkkreis Salzwedel) kennt man eine bronzene Schmuckdose, die zwei goldene Ringe in Form von Drahtspiralen enthielt. In Spergau (Saalekreis) wurden ein Tongefäß mit einem goldenen Noppenring aus Doppeldraht und eine verbogene Golddrahtspirale von Fingerformat geborgen.

Über die Kunst der Saalemündungs-Gruppe ist nichts bekannt. Der in einem Grab gefundene, 70 Zentimeter lange, 25 Zentimeter breite und zehn Zentimeter dicke Bildstein von Pfützthal[9] (Saalekreis) in Sachsen-Anhalt dürfte schon in der Jungsteinzeit entstanden und nur als Baumaterial wiederverwendet worden sein. Dieser Bildstein ist mit einem auf dem Kopf stehenden, langgezogenen T, das wohl eine menschliche Nase darstellen soll, verziert. Darunter befindet sich ein waagrechter Strich, der vermutlich den Mund symbolisiert. Es folgen vier halbkreisförmige Linien, die Halsschmuck andeuten, und auf der Mitte der Platte zwei Reihen ineinanderliegender Winkel.

In der älteren Phase der Saalemündungs-Gruppe (Periode IV) erfolgten die Brandbestattungen in Steinkisten oder in Steinpackungsgräbern. Sie lagen in Gruppen von drei bis zu fünf Gräbern zusammen. Der Leichenbrand von meistens einem, manchmal aber auch von zwei Toten wurde jeweils in eine große Zylinderhalsterrine geschüttet und ins Grab gestellt.

Dagegen nahm man in der jüngeren Phase (Periode V) die Brandbestattungen ausschließlich in Steinkisten vor, die zuweilen mehrere kleine Tongefäße mit dem Leichenbrand von zwei bis fünf Menschen aufnahmen. Die jeweils in den Steinkisten beerdigten Menschen sind wohl nicht alle zur gleichen Zeit verstorben. Es handelte sich auch nicht um Grablegen von vollständigen Familien, sondern lediglich bestimmter Familienangehöriger.

Zu den als Urnen benutzten Zylinderhalsterrinen und Tassen wurden manchmal leere oder mit Speisen gefüllte Tongefäße als Grabbeigaben gestellt. Hierfür fanden Becher, Näpfe, Schalen, Tassen und Terrinen Verwendung.

Bedeutenden Toten dürften die im Inneren bemalten Steinkisten vorbehalten gewesen sein. Im der 1913 entdeckten Steinkiste am Galgenberg bei Großwirschleben (Kreis Bernburg) waren die Wände und die Decke im Inneren der Grabkammer von Resten einer weißen mit feinem Sand vermischten Tonschicht bedeckt. Die Wände hatte man mit waagrechten farbigen Steifen geschmückt. An der Nordwand folgten auf einen schwarzen Streifen von fünf Zentimeter Breite fünf unregelmäßige rote Streifen von zwei bis 3,5 Zentimeter Breite, die von vier Millimeter breiten Streifen der weißgrauen Tonschicht unterbrochen waren.

Mehrere bemalte Steinkisten kamen 1853 oder 1854 bei der Abtragung des »Langen Berges«, eines von zwei Grabhügeln bei Baalberge (Kreis Bernburg), ans Tageslicht. Die meisten davon sollen im Inneren rot bemalt gewesen sein. Eines dieser Gräber war angeblich von oben nach unten in weißer, schwarzer und roter Farbe gehalten.

Zum Kult der Saalemündungs-Gruppe gehörten Speiseopfer, Schädelbestattungen, Menschenopfer und rituell motivierter Kannibalismus. Solche Praktiken waren damals auch in anderen Kulturen jener Zeit bekannt.

Speiseopfer hat man in überaus sorgfältig hergestellten und verzierten Tongefäßen dargebracht. Eine derartige Weihegabe kennt man beispielsweise von Aken im Kreis Köthen. Vereinzelte Beisetzungen menschlicher Schädel lassen sich am ehesten kultisch deuten. Vielleicht betrachtete man den Kopf als wichtigsten Teil des Toten und hat ihn deswegen in manchen Fällen besonders behandelt. Eine Schädelbestattung wurde in Klebs (Kreis Jerichower Land) entdeckt.

Anmerkungen

Die Spätbronzezeit in Deutschland
1] Die Zusammenstellung dieser Übersicht über die
Verbreitung und Zeitdauer von Kulturen der Spätbronzezeit entstand mit Hilfe der Prähistoriker Friedrich Laux vom Hamburger Museum für Archäologie,
Hamburg-Harburg, Berthold Schmidt vom Landesmuseum für Vorgeschichte, Halle/Saale, und Rolf
Breddin vom Brandenburgischen Landesmuseum für
Ur- und Frühgeschichte, Potsdam.

Die Saalemündungs-Gruppe
1] Die Webstuhlgrube von Wallwitz wurde 1975 von
Heribert Stahlhofen, dem Ausgrabungsrestaurator des
Landesmuseums für Vorgeschichte, Halle/Saale, untersucht.
2] Der Hausgrundriss aus Wulfen wurde 1923 entdeckt.
3] Südlich von Großkühnau hinter Kitzings Eiskeller
(Flur Hohe Feld), an der Straße nach Klein-Kühnau
gelegen, wurde vor 1925 ein großes Gefäß gefunden, in
dem sich drei erhaltene Gefäße und Scherben von drei
Schalen befanden. Dazu gehört die Schale mit Bronzenieten.
4] Das Depot von Kalbe wurde 1956 beim Ausheben
einer Baugrube freigelegt.
5] Das Hängebecken von Schadeleben wurde im April
1961 von dem Landwirt Gerhard Meyer aus Schadeleben
ausgeackert.

6] In Osternienburg wurde von Januar bis März 1925 der Hügel abgetragen, auf dem bis 1924 die Windmühle des Müllermeisters Nagel gestanden hatte. Diese Arbeiten hat der Kapellmeister und Kreiskonservator Walther Götze (1879–1952) aus Köthen/Anhalt beobachtet. Im Hügel kam ein im 16. oder 17. Jahrhundert zerstörtes oder beraubtes Steinkistengrab zum Vorschein, in dem Reste von sieben Bronzgefäßen lagen.

7] Das Goldgefäß von Krottorf wurde 1909 auf einem Acker ausgepflügt und dabei stark beschädigt.

8] Die Siedlung am ehemaligen Salzigen See bei Erdeborn wurde 1975 von dem Kreisbodendenkmalpfleger Otto Marschall aus Eisleben entdeckt und zum Teil untersucht.

9] Der Bildstein von Pfützthal wurde Ende Februar 1939 zutage gefördert, als beim Bau von Berieselungsanlagen Gräben gezogen und dabei Siedlungsstellen und Gräber angeschnitten wurden.

Literatur

Die Spätbronzezeit in Deutschland

FILIP, Jan: Urnenfelderkultur. Aus: FILIP, Jan (Herausgeber): Enzyklopädisches Handbuch zur Ur- und Frühgeschichte Europas, Band 2, S. 1555, Stuttgart 1969

HORST, Fritz: Die Stämme der Lausitzer Kultur und des Nordens in der jüngeren Bronzezeit. Aus: HERRMANN, Joachim (Herausgeber): Archäologie in der Deutschen Demokratischen Republik, Denkmale und Funde, Band 1, S. 98–105, Stuttgart 1989

JOCKENHÖVEL, Albrecht: Die Bronzezeit. Aus: FRITZ, Rudolf-Herrmann / JOCKENHÖVEL, Albrecht (Herausgeber): Die Vorgeschichte Hessens, S. 195–243, Stuttgart 1990

KOLLING, Alfons: Späte Bronzezeit an Saar und Mosel, Saarbrücken 1968

METZLER, Alf / WILBERTZ, Otto Mathias: Bronzezeit. Aus: HÄSSLER, Hans-Jürgen (Herausgeber): Ur- und Frühgeschichte Niedersachsens, S. 155–192, Stuttgart 1991

PESCHEL, Karl: Die Gliederung der jüngeren Bronzezeit in Thüringen. Aus: COBLENZ, Werner / HORST, Fritz (Herausgeber): Mitteleuropäische Bronzezeit. Beiträge zur Archäologie und Geschichte, S. 87–120, Berlin 1978

SCHINDLER, Reinhard: Jüngere Bronzezeit (1200–700 v. Chr.). Aus: Führer durch das Rheinisches Landesmuseum Trier, S. 13–14, Trier 1968

SCHMIDT, Berthold: Die jungbronzezeitlichen Stämme im Elbe-Saale-Gebiet. Aus: COBLENZ, Werner / HORST, Fritz (Herausgeber): Mitteleuropäische Bronzezeit. Beiträge zur Archäologie und Geschichte, S. 122, Berlin 1978
STRUVE, Karl W.: Die jüngere Bronzezeit.Geschichte Schleswig-Holsteins. Aus: STRUVE, Karl W. / HINGST, Hans / JANKUHN, Herbert: Von der Bronzezeit zur Völkerwanderungszeit, Band 2, S. 97–144, Neumünster 1979
WAGNER, Karin: Studien über Kulturgruppierungen der Urnenfelderzeit im Saale-Unstrut-Gebiet. Jahresschrift für mitteldeutsche Vorgeschichte, Band 66, S. 31–49, Halle/Saale 1983
WEBER, Gesine: Die Urnenfelderzeit. Aus: Händler, Krieger, Bronzegießer. Bronzezeit in Nordhessen. Vor- und Frühgeschichte im Hessischen Landesmuseum in Kassel, Heft 3, S. 102–133, Kassel 1992

Die Saalemündungs-Gruppe
BILLIG, Gerhard: Eine Siedlung mit Bronzebecken und Plattenfibel aus der jüngsten Bronzezeit bei Schadeleben, Kreis Aschersleben. Jahresschrift für mitteldeutsche Vorgeschichte, Band 67, S. 117–142, Halle/Saale 1984
BRUNN, Wilhelm Albert von: Steinpackungsgräber von Köthen. Ein Beitrag zur Kultur der Bronzezeit Mitteldeutschlands, Berlin 1954
BRUNN, Wilhelm Albert von: Zu den spätbronzezeitlichen Steinkisten mit Wandbemalung im unteren Saalegebiet. Jahresschrift für mitteldeutsche

Vorgeschichte, Band 36, S. 207–212, Halle/Saale 1962

BRUNN, Wilhelm Albert von: Mitteldeutsche Hortfunde der jüngeren Bronzezeit. Römisch-Germanische Forschungen, Band 29, Berlin 1968

FLEISCHHAUER, Johannes: Ein Bronzefund von Schadeleben Kr. Aschersleben. Ausgrabungen und Funde, Band 8, Heft 1, S. 36–38, Berlin 1963

HINZE, Hans-Peter: Katalog der archäologischen Landesaufnahme der Gemarkungen Großkühnau, Kleinkühnau und Ziebigk, Dessau 1990

HOFFMANN, Wilhelm: Ein Bronzefund aus der jüngsten Bronzezeit aus Calbe, Kr. Schönebeck. Jahreschrift für mitteldeutsche Vorgeschichte, Band 43, S. 222–227, Halle/Saale 1959

KAUFMANN, DIETER: Kultgegenstand oder Blasebalgdüse? Ausgrabungen und Funde, Band 23, Heft 4, S. 170–173, Berlin 1978

KUNKEL, OTTO: Hellmut Agde. Nachrichtenblatt für Deutsche Vorzeit, 16. Jahrgang, Heft 2/3, S. 42–44, Leipzig 1940

MARSCHALL, Otto: Briquetagefunde am ehemaligen Salzigen See bei Erdeborn, Kr. Eisleben. Ausgrabungen und Funde, Band 22, Heft 5, S. 213–220, Berlin 1970

MATTHIAS, Waldemar: Das mitteldeutsche Briquetage – Formen, Verbreitung und Verwendung. Jahresschrift für mitteldeutsche Vorgeschichte, Band 45, S. 119–225, Halle/Saale 1961

SCHMIDT, Berthold: Saalemündungsgruppe. Die jungbronzezeitlichen Stämme im Elbe-Saale-Gebiet.

Aus: COBLENZ, Werner / HORST, Fritz (Herausgeber): Mitteleuropäische Bronzezeit. Beiträge zur Archäologie und Geschichte, S. 124–127, Berlin 1978

SCHRÖTER, Erhard: Ein spätbronzezeitliches Stiergefäß von der Schalkenburg bei Quenstedt, Kr. Hettstedt. Ausgrabungen und Funde, Band 28, Heft 4, S. 189–191, Berlin 1983

SEELMANN, Hans: Vorgeschichtliche Funde aus der Umgebung von Dessau. Anhaltische Geschichtsblätter, 1. Heft, S. 27–28, Dessau 1925

STAHLHOFEN, Heribert: Ein Bronzedepotfund von Wallwitz, Kr. Burg. Ausgrabungen und Funde, Band 22, Heft 5, S. 211–213, Berlin 1977

STAHLHOFEN, Heribert: Eine spätbronzezeitliche Webstuhlgrube in Wallwitz, Kr. Burg. Ausgrabungen und Funde, Band 23, Heft 4, S. 179–183, Berlin 1978

Bildquellen

Klaus Benz, Fotograf, Mainz-Laubenheim: 43
Friederike Hilscher-Ehlert, Königswinter: 41
Reproduktionen von Fotos aus dem Buch »Deutschland in der Bronzezeit« (1996) von Ernst Probst: 25, 28 (Historisches Museum, Köthen, Archiv Prähistorische Sammlungen, Foto: Jan William Howard), 27(Kulturhistorisches Museum, Magdeburg. Foto: Jutta Rödling), 18 (Reproduktion aus Otto Kunkel: Hellmut Agde geboren 2. IX. 1905 in Halle a. d. S., gefallen 12. V. 1940 am Etzelberg, Nachrichtenblatt für Deutsche Vorzeit, Tafel 10, Leipzig 1940, Reproduktion: Sascha Kopp, Mainz), 12 (Römisch-Germanisches Zentralmuseum, Mainz)
Reproduktion einer Karte aus dem Buch »Deutschland in der Bronzezeit" (1996) von Ernst Probst: 14 (Rainer Veit, Mainz)
Reproduktionen von Zeichnungen aus dem Buch »Deutschland in der Bronzezeit« (1996) von Ernst Probst: 24 (Reproduktion aus Gustav Behrens, XIII. Jahresbericht des Röm.-Germ. Zentralmuseums zu Mainz für die Zeit vom 1. April 1935 bis 31. März 1936, Mainzer Zeitschrift, Jahrgang 31, S. 74, Mainz 1936), 20 (Reproduktion aus Heribert Stahlhofen: Eine spätbronzezeitliche Webstuhlgrube in Wallwitz, Kr. Burg. Ausgrabungen und Funde, Band 23, Heft 4, S. 179–183, Berlin 1978), 9 (Reproduktion aus Jorn Street-Jensen: Christian Jürgensen Thomsen und Ludwig Linden-

schmit: Eine Gelehrtenkorrespondenz aus der Frühzeit der Altertumskunde (1853–1964), Mainz 1985), 6 (Reproduktion einer historischen Trachtenrekonstruktion des Münchner Historienmalers und Altertumsforschers Julius Naue, Foto: Prähistorische Staatssammlung, München)

Zeichnungen von Friederike Hilscher-Ehlert für das Buch »Deutschland in der Bronzezeit« (1996) von Ernst Probst: 1, 15

Die wissenschaftliche Graphikerin
Friederike Hilscher-Ehlert

Friederike Hilscher-Ehlert wurde am 13. Dezember 1946 in Hamburg geboren. Sie absolvierte eine Ausbildung sowie ein Studium in den Fächern Kostümbild und Bühnenbild. Danach war sie mehrere Jahre lang an der Bühne tätig. Auf dem zweiten Berufsweg wurde sie wissenschaftliche Graphikerin mit dem Schwerpunkt Archäologie und arbeitete am Rheinischen Landesmuseum Bonn. Ihre Fachgebiete waren Restaurierung, Archäo-Botanik, Wissenschafts-Publikationen, Amtshilfe bei externen Projekten und Ausstellungskonzeption. Mit Lebensbildern von Menschen aus vergangenen Zeiten machte sie sich bereits einen Namen, als solche Kunstwerke in ihrer Heimat noch Seltenheiten waren. Das erste Buch, in dem Zeichnungen von Friederike Hilscher-Ehlert abgebildet wurden, heißt »Report aus der Römerzeit« (1989). In den frühen 1990-er Jahren schuf sie zahlreiche Lebensbilder für das Buch »Deutschland in der Bronzezeit« (1996) des Wiesbadener Wissenschaftsautors Ernst Probst. Großformatige Lebensbilder aus ihrer Hand schmücken die Werke »Die Römer« (1999), »Die Steinzeitler« (2003), »Die Kelten" (2003) und »Die Franken« (2003) in der vom Rhein-ischen Landesmuseum Bonn herausgegebenen Reihe »Lebendige Vergangenheit«. Im Geleitwort schrieb Professor Dr. Hans-Eckart Joachim: »Die Zeichnerin Friederike Hilscher-Ehlert verbindet wissenschaftlich abgesicherte, akribische Prägnanz mit virtuosem unverkennbaren Personalstil, der der Phantasie und Entdeckerfreude Raum lässt. So entstehen Bilder, in denen uns Menschen und Menschengemachtes der Vergangenheit entgegentreten, längst verwischte Spuren sichtbar werden.« Zeichnungen von ihr erschienen außer in Büchern auch in wissenschaftlichen Zeitschriften und man sah sie in Ausstellungen von Museen oder auf zahlreichen farbprächtigen Ansichtskarten. Friederike Hilscher-Ehlert betont: »Archäologische Illustration ist heute in keinem Museum und in keiner fundierten Fachpublikation mehr entbehrlich. Es ist mir eine Freude Wegbereiterin dieser Art Graphik in Deutschland gewesen zu sein.«

Der Autor Ernst Probst

Ernst Probst, geboren am 20. Januar 1946 in Neunburg vorm Wald im bayerischen Regierungsbezirk Oberpfalz, ist Journalist und Wissenschaftsautor. Er arbeitete von 1968 bis 1971 als Redakteur bei den »Nürnberger Nachrichten«, von 1971 bis 1973 in der Zentralredaktion des »Ring Nordbayerischer Tageszeitungen« in Bayreuth und von 1973 bis 2001 bei der »Allgemeinen Zeitung«, Mainz. In seiner Freizeit schrieb er Artikel für die »Frankfurter Allgemeine Zeitung«, »Süddeutsche Zeitung«, »Die Welt«, »Frankfurter Rundschau«, »Neue Zürcher Zeitung«, »Tages-Anzeiger«, Zürich, »Salzburger Nachrichten«, »Die Zeit", »Rheinischer Merkur«, »Deutsches Allgemeines Sonntagsblatt«, »bild der wissenschaft«, »kosmos«, »Deutsche Presse-Agentur« (dpa), »Associated Press« (AP) und den

»Deutschen Forschungsdienst« (df). Aus seiner Feder stammen die Bücher »Deutschland in der Urzeit« (1986), »Deutschland in der Steinzeit« (1991), »Rekorde der Urzeit« (1992), »Dinosaurier in Deutschland« (1993 zusammen mit Raymund Windolf) und »Deutschland in der Bronzezeit« (1996). Von 2001 bis 2006 betätigte sich Ernst Probst als Buchverleger sowie zeitweise als internationaler Fossilienhändler und Antiquitäten-händler. Insgesamt veröffentlichte er mehr als 100 Bücher, Taschenbücher, Broschüren und E-Books.

Bücher von Ernst Probst

Affenmenschen
Von Bigfoot bis zum Yeti

Annie Oakley
Die Meisterschützin des Wilden Westens

Archaeopteryx. Der Urvogel aus Bayern

Christl-Marie Schultes. Die erste Fliegerin in Bayern
(zusammen mit Theo Lederer)

Cortés und Malinche. Der spanische Eroberer
und seine indianische Geliebte

Das Dinotherium-Museum Eppelsheim
Führer durch die Ausstellung
(zusammen mit Dr. Jens Lorenz Franzen
und Heiner Roos)

Der Europäische Jaguar

Der Mosbacher Löwe
Die riesige Raubkatze aus Wiesbaden

Der Rhein-Elefant
Das Schreckenstier von Eppelsheim

Der Schwarze Peter
Ein Räuber im Hunsrück und Odenwald

Der Ur-Rhein
Rheinhessen vor zehn Millionen Jahren

Deutschland im Eiszeitalter

Deutschland in der Frühbronzezeit

Deutschland in der Mittelbronzezeit

Deutschland in der Spätbronzezeit

Die Dolchzahnkatze *Megantereon*

Die Bronzezeit

Die Aunjetitzer Kultur in Deutschland

Die Straubinger Kultur in Deutschland

Die Adlerberg-Kultur

Die nordische Bronzezeit in Deutschland

Die Hügelgräber-Kultur in Deutschland

Die Lüneburger Heide in der Bronzezeit

Die Stader Gruppe in der Bronzezeit

Die Urnenfelder-Kultur in Deutschland

Die Lausitzer Kultur in Deutschland

Die Dolchzahnkatze *Smilodon*

Die Säbelzahnkatze *Machairodus*

Die Säbelzahnkatze *Homotherium*

Die Schweiz in der Frühbronzezeit

Die Schweiz in der Mittelbronzezeit

Die Schweiz in der Spätbronzezeit

Dinosaurier in Deutschland. Vom *Efraasia*
bis zu *Sellosaurus*

Dinosaurier von A bis K. Von *Abelisaurus*
bis zu *Kritosaurus*

Dinosaurier von L bis Z. Von *Labocania*
bis zu *Zupaysaurus*

Eiszeitliche Geparde in Deutschland

Eiszeitliche Leoparden in Deutschland

Frauen im Weltall

Höhlenlöwen. Raubkatzen im Eiszeitalter

Johann Jakob Kaup
Der große Naturforscher aus Darmstadt

Julchen Blasius. Die Räuberbraut des Schinderhannes

Königinnen der Lüfte in Deutschland

Königinnen der Lüfte in Europa

Königinnen der Lüfte in Amerika

Königinnen der Lüfte von A bis Z

Königinnen des Tanzes

Malende Superfrauen

Meine Worte sind wie die Sterne
Die Entstehung der Rede des Häuptlings Seattle
(zusammen mit Sonja Probst)

Monstern auf der Spur. Wie die Sagen über Drachen,
Riesen und Einhörner entstanden

Österreich in der Frühbronzezeit

Österreich in der Mittelbronzezeit

Österreich in der Spätbronzezeit

Pompadour und Dubarry. Die Mätressen
von Louis XV.

Raub-Dinosaurier von A bis Z.
Mit Zeichnungen von Dmitry Bogdanav
und Nobu Tamura

Rekorde der Urmenschen
Erfindungen, Kunst und Religion

Rekorde der Urzeit
Landschaften, Pflanzen und Tiere

Säbelzahnkatzen. Von *Machairodus*
bis zu *Smilodon*

Säbelzahntiger am Ur-Rhein. *Machairodus*
und *Paramachairodus*

Seeungeheuer
Von Nessie bis zum Zuiyo-maru-Monster

Superfrauen aus dem Wilden Westen

Superfrauen 1 – Geschichte

Superfrauen 2 – Religion

Superfrauen 3 – Politik

Superfrauen 4 – Wirtschaft und Verkehr

Superfrauen 5 – Wissenschaft

Superfrauen 6 – Medizin

Superfrauen 7 – Film und Theater

Superfrauen 8 – Literatur

Superfrauen 9 – Malerei und Fotografie

Superfrauen 10 – Musik und Tanz

Superfrauen 11 – Feminismus und Familie

Superfrauen 12 – Sport

Superfrauen 13 – Mode und Kosmetik

Superfrauen 14 – Medien und Astrologie

Tony und Bruno Werntgen. Zwei Leben
für die Luftfahrt (zusammen mit Paul Wirtz)

Zenobia von Palmyra. Eine Frau kämpft
gegen die Römer

Bestellungen bei: http://www.grin.com